MANUAL DE VIDA

EPICTETO

© Plutón Ediciones X, s. l., 2024

Segunda Edición: 2025

Traducción: Celia Akram

Diseño y maquetación: Saul Rojas Blonval

Edita: Plutón Ediciones X, s. l.,

           E-mail: contacto@plutonediciones.com
           http://www.plutonediciones.com

I.S.B.N: 978-84-10233-06-5
Depósito Legal: B-5013-2024

Impreso en China / Printed in China

Estudio Preliminar

Epicteto
De esclavo a gran filosofo

Si Zenón, padre del estoicismo, tuvo una historia triste y una gran pérdida económica antes de convertirse en filósofo casi quinientos años antes de que Epicteto apareciera en escena, náufrago en Atenas, aprendiz y luego maestro en el pórtico del Templo a Atenea, el autor del *Manual de Vida* fue esclavo en Roma antes de convertirse en el filósofo humanista más importante de nuestra era, como maestro directo e indirecto de Séneca y Marco Aurelio.

Epicteto nació en Turquía, en el poblado de Hierápolis, en el 55 a. C., donde fue prendido desde muy joven como esclavo por Epafrodito, un liberto que se dedicaba a la compra y venta de esclavos, gracias a su cercanía con Nerón, del que fue ayudante y de quien recibió la manumisión.

La compra y venta de esclavos era muy usual, y no solo se escogían a los más fuertes, o las más belles y serviciales, sino que se tenían en cuenta otros rasgos, como la habilidad, la prestancia y hasta la formación y la inteligencia.

Epafrodito vio en Epicteto rasgos de inteligencia, por lo que, una vez comprado, lo puso en manos de un maestro, Musonio Rufo, para que lo instruyera y lo convirtiera, a su vez, en docente, algo muy preciado por las clases altas de Roma.

No se sabe de las vicisitudes que pudo haber pasado como esclavo, si fue un camino de sufrimiento o aprendizaje, como en el caso de Zenón, pero pronto destacó en las tareas intelectuales que le enseñaron, y su comportamiento con sus ayos y preceptores fue más que bueno, tanto que no tardó mucho tiempo en ser parte de los filósofos de la corte.

Musonio Rufo lo inició en la doctrina estoica, recorriendo las enseñanzas de los grandes filósofos griegos, desde Diógenes de Sinope, hasta Aristóteles, pasando por Sócrates, Platón y otros menos conocidos, pero no menos importantes, adquiriendo los conocimientos de la época en cuanto a artes y ciencias se refiere.

No hay fecha escrita de su manumisión (liberación como esclavo), pero formó parte de los filósofos y maestros que Domiciano mandó exiliar, pues no veía con buenos ojos a los intelectuales, desconfiaba de ellos y le disgustaba la influencia que tenían sobre la corte y los patricios, sobre todo en el aspecto humanista que iba ganando terreno entre los pensadores de orientación griega, que cuestionaban el poder, las creencias religiosas y los mitos y leyendas que alimentaban la grandeza del Imperio.

El exilio

El exilio no impidió que los hijos de los senadores y de los patricios buscaran a los filósofos para que educaran a sus hijos, y no fueron pocos los que los mandaban hasta las tierras donde se fueron sus preceptores.

Epicteto fundó su propia escuela en Nicópolis, al norte de Grecia, y ahí siguió enseñando artes y ciencias orientadas hacia el estoicismo.

De entre sus pupilos destacó Flavio Arriano, quien más tarde se convertiría en uno de los historiadores romanos más importantes de su época.

Fue precisamente Flavio Arriano quien guardó, compiló y publicó las dos obras de Epicteto que han llegado hasta nuestros días y que fueron libros de cabecera de Marco Aurelio, el *Enquiridión* y las *Disertaciones*.

El exilio fue provechoso, y el pensamiento estoico que dura hasta nuestros días se asienta en dichas obras, sobre todo en el *Manual de Vida*, donde se pone de manifiesto a *eudaimonía* (felicidad o bienestar a partir del razonamiento) como bandera del estoicismo.

LA ATARAXIA Y LA APATÍA

La ataraxia y la apatía, fuentes de la eudaimonía, son el control de las pasiones y de las emociones por medio de la reflexión y el razonamiento, y no por la ignorancia y la indiferencia, son el camino de la felicidad, el bienestar vital y la armonía en esta existencia.

-*Quien se domina a sí mismo, lo domina todo.*

-*Te hace daño lo que tú permites que te haga daño.*

-*Las pasiones te atrapan y te encierran en un círculo vicioso del que es muy difícil salir.*

-*Paga con el bien a quien te haga mal, y no sufrirás.*

-*Quien te ofende, en realidad se está ofendiendo a sí mismo.*

-*Mantente incólume ante las emociones, sobre todo ante las que te hacen daño o ser mala persona.*

-*No caigas en las pasiones, sobre todo en aquellas que te parecen demasiado placenteras, pues son una trampa para el alma.*

- *Vive en bondad y bien hacer, sin importarte que otros hagan el mal, sin dejar por ello de luchar por tu ideal.*

Se colige de la obra de Epicteto estas frases que bien caben en el budismo, el cristianismo, el taoísmo y en el mitraísmo, pues todo movimiento o pensador que ha puesto el foco en el comportamiento de la humanidad ha encontrado las mismas claves para el bienestar el cuerpo, de la mente y del alma,

EL MISTICISMO ESTOICO

Para Epicteto la capacidad de razonar, o la inteligencia, era un designio divino del buen Zeus (la luz bondadosa o bienhechora), que, de esta manera, ayuda a los humanos a encontrar el camino de la verdad, la puerta (*stoa*) mística que los libera de las ataduras y pasiones mundanas, terrenales y animales.

Epicteto no podía imaginar a un Zeus promiscuo, lujurioso, vengativo y celoso, que mandaba sin dar ejemplo de bondad.

Para él todas las leyenda y mitos sobre una divinidad que estaba por encima de todo no podían corresponderse con la bondad y el bienestar, con la armonía y con la gloria.

Júpiter (Zeus Padre), en realidad tenía que ser todo bondad y conocimiento, ajeno a las venganzas, las guerras y disputas que envilecen en alma.

Se puede decir que, hasta Epicteto, la concepción de las divinidades fue una concepción salvaje y cruel, demasiado "humana", muy lejos de lo que es la paz, el amor y la armonía.

Posiblemente no fue el único en proponer un dios sabio y amoroso lejos de las venganzas y los celos, cruel y déspota, pero sí uno de los primeros que ha llegado a nuestros días y que ha influenciado de gran manera a Séneca, Marco Aurelio y al catolicismo prístino y cristiano, contraponiendo el bien hacer reflexivo y meditado al ejercicio del poder por la fuerza, el engaño, el adoctrinamiento, la conquista y la imposición del más fuerte y elevado sobre el más débil y apocado.

Sus discípulos

El camino que traza Epicteto no es difícil, tampoco complejo, pero sí algo complicado tanto para los romanos de los siglos I y II de nuestra era, como para las personas que vivimos y actuamos en el siglo XXI.

Séneca, a pesar de no ser un discípulo cercano en el tiempo y el espacio, nunca pudo dominar su carácter fogoso y pasional, rebelde y crítico.

Marco Aurelio no renunció al poder ni a la gloria, y se vio obligado a detentar su dominio sobre los demás con la fuerza de las armas.

El catolicismo, que copia buena parte del estoicismo de Epicteto, pronto se decantó a suplir el imperio terrenal romano con el supuesto imperio celestial sin dejar el poder material y económico de lado, por aquello de que es más poderosa la carne creyente que la espada forjada.

El cristianismo, como filosofía más que como religión, se puede considerar fuente de estoicismo en muchos aspectos, pero cae fácilmente en la dependencia del fatalismo y la irresponsabilidad, es decir, coarta la reflexión personal y la búsqueda personal de la felicidad a través del razonamiento, el bien hacer y la reflexión de los propios actos y posibilidades, porque deja en manos de la figura divina la redención y la salvación.

Para Epicteto no hay salvación ni redención posibles dentro del mal comportamiento o la irracionalidad de las pasiones y de las emociones por medio de otros, ya sean sacerdotes, maestros o dioses, porque todo lo que hacemos en esta vida es en primer plano personal.

Nadie puede comer por nosotros ni portarse bien con los demás por nosotros, por mucho que nos proteja y nos justifique.

La vida es un trabajo personal que se relaciona con los demás, pero sin perder la capacidad de acción propia tanto para bien como para mal.

Si te portas mal y siembras plantas venenosas, no puedes recolectar hermosas flores por mucho que las divinidades te favorezcan.

No hay elegidos, porque cada quien se elige a sí mismo.

La vida no viene con un manual escrito por los dioses, porque es una obra que escribimos cada uno de nosotros.

Epicteto escribió uno que vale la pena, o el gusto, leer, asimilar, comprender y aplicar en medida de lo posible a la vida diaria.

Las *Disertaciones* y el *Manual de Vida* escritos por Epicteto y rescatados por Flavio Arriano (que ahora te presenta Plutón Ediciones), dan al estoicismo el toque místico de crecimiento personal que ha marcado al pensamiento humanista y religioso de los últimos dos mil años.

EL FINAL

Sin duda, Epicteto, junto con Zenón, es uno de los pocos filósofos estoicos que vivió una vida congruente con sus pensamientos e ideales.

Por supuesto, como hombre y buen filósofo de su época, debió sufrir y superar contradicciones, de la misma manera que en su formación vital y académica debió estudiar física y geometría, medicina, leyes y astronomía, las mismas que debió transmitir sus alumnos, pero no sabemos si encontró un número que supliera a Pi para que la medición de los círculos y las esferas fuera exacta y perfecta, o si encontró el número exacto que multiplicado por sí mismo da dos, pero sí sabemos de su pensamiento, que puede hacer de las personas mejores seres humanos en todos los sentidos, con las *eupatías* (buenos sentimientos) como banderas.

Epicteto muere en Nicópolis en el 135 de nuestra era, a los ochenta años de edad, pacífica y beatíficamente, superando por mucho la esperanza de vida de aquel entonces, lo que ya supone una vida larga, plena y feliz, al lado de su propia escuela y rodeado de sus discípulos, posiblemente sus seres más queridos.

MANUAL DE VIDA

Flavio Arriano, tal y como se ha mencionado antes, se encargó de recopilar unas conferencias informarles de Epicteto y ponerlas por escrito, más o menos hacia el año 128 de nuestra era, para compartir las enseñanzas de su maestro con el mundo. En un inicio, contaba con ocho libros, de los cuales, en la actualidad se conservan la mitad.

Gracias al trabajo de Arriano, estas enseñanzas

han viajado por todo el mundo y han atravesado el tiempo hasta llegar a nosotros, para seguir influyendo en nuestro día a día, con un discurso que sigue estando de actualidad.

En el texto que acompaña a cada entrada, el lector encontrará una pequeña reflexión que aporta una visión actual y fresca a unas nociones clásicas que han sido fundamentales en la historia de la humanidad.

DR. JAVIER TAPIA

MANUAL DE VIDA

I

Hay cosas que podemos controlar, y otras que están fuera de nuestro control. Dentro de nuestro control están el criterio, el propósito, el deseo, el rechazo: en una palabra, cualquier materia que nos sea propia. Fuera de nuestro control están el cuerpo, los atributos, el prestigio, el oficio y, en una palabra, todo lo que no es propiamente nuestro.

Ahora bien, las cosas que podemos controlar son, por naturaleza, libres, ilimitadas, sin impedimentos; pero las que están fuera de nuestro control son frágiles, dependientes, limitadas, ajenas. Por tanto, ten presente que, si le confieres libertad a las cosas dependientes por naturaleza y coges para ti lo que es de otras personas, te encontrarás impedido, te lamentarás, te molestarás, encontrarás imperfecciones tanto a los dioses como a los hombres. Pero si tomas por propio solo lo que es realmente tuyo y miras lo que es de los demás tal cual es en realidad, entonces nadie te presionará, nadie te restringirá; no encontrarás imperfecciones a nadie, no acusarás a nadie, no actuarás nunca en contra de tu voluntad; nadie podrá hacerte daño, no tendrás enemigos, ni padecerás ningún daño.

Considerando estas grandes cosas, recuerda que no debes permitirte ninguna inclinación, por mínima que sea, hacia la obtención de las otras; sino que debes renunciar totalmente a algunas de ellas, y posponer las demás hasta otro momento. Pero si quieres tener estos, y disfrutar igualmente el poder y la riqueza, puedes perder estos últimos en la persecución de los primeros; e, indudablemente, fracasarás en aquello por los que consiguen la felicidad y la libertad.

Intenta, pues, ser capaz de decir a cualquier apariencia molesta: "No eres más que una apariencia y de ningún modo el objeto real". Y luego obsérvala según estas reglas; y, principalmente, por esto: si se refiere a las cosas que están dentro de nuestro propio control o a las que no lo están; y si se refiere a algo que está más allá de nuestro control, disponte a decir que no es nada para ti.

Como diría Zenón de Citio, la vida es una elección, así que procura elegir aquello en lo que tienes control y dominio, porque quien se domina a sí mismo domina al mundo.

II

Recuerda que el deseo exige la obtención de eso que deseas; y el rechazo exige evitar aquello por lo que sientes rechazo; por lo tanto, el que no obtiene el objeto de sus deseos está desilusionado; y el que comete el objeto de su rechazo es desgraciado. Por lo tanto, si solo eludes las cosas indeseables que puedes controlar, nunca incurrirás en lo que eludes; pero si evitas la enfermedad, la muerte o la pobreza, puedes correr el riesgo de ser desdichado. Desecha entonces, (la costumbre) del rechazo, de todas las cosas que están fuera de nuestro control, y aplícalo a las cosas despreciables que están dentro de nuestro control. Por el momento, reprime completamente el deseo; porque si deseas alguna de las cosas que no están dentro de nuestro control, necesariamente estarás desilusionado; y todavía no estás seguro de las que están dentro de nuestro control, y, por lo tanto, son objetos legítimos de nuestro deseo. Cuando sea realmente necesario que persigas o eludas algo, hazlo incluso con sensatez, dulzura y moderación.

Más a menudo de lo que pensamos, el cumplir un deseo completamente nos deja vacíos de deseos y nos mueve a la codicia de querer más y más, y al miedo de perderlo todo por celos, envidia, venganza, robo o traición.

III

En relación con los asuntos que agradan a la mente o contribuyen a nuestro uso cotidiano o son tiernamente amados, no olvides a qué naturaleza pertenecen, comenzando por las más insignificantes: si tienes una vasija favorita, que no es más que una vasija a la que le tienes afecto, pues así, si se rompe, puedes soportarlo; si abrazas a tu hijo o a tu esposa, que abrazas a un mortal, así, si alguno de ellos muere, puedes soportarlo.

Amar a los objetos, decía Borges, es amar a algo que no nos conoce ni nos entiende, algo similar puede suceder con el amor que le dedicas a otras cosas y seres, incluidos los familiares, la pareja o los hijos, pues todo en este mundo es mortal y perecedero, y tenemos que aprender que todo apego, material o emocional, puede provocar el dolor y el sufrimiento de perderlo, algo que, inevitablemente, debe soportarse y, en medida de lo posible, superarse. Ama sin apegos.

IV

Al prepararte para realizar cualquier acción, recuerda a qué naturaleza pertenece la acción. Si vas a bañarte, imagina los imprevistos habituales en el baño: las personas que vierten, las que empujan, las que riñen, las que roban. Y así llevaras a cabo esta acción con más seguridad si te dices a ti mismo: "Ahora iré a bañarme y conservaré mi voluntad en armonía con la naturaleza". Y así en relación con cualquier otra acción. Porque de esta manera, si surge algún inconveniente para bañarte, podrás decir: "No deseaba bañarme solamente, sino mantener mi voluntad en armonía con la naturaleza; y no será así si estoy de mal humor ante las cosas que suceden".

No des importancia a lo que no lo tiene, ni te permitas entrar en conflicto con nadie por cosas banales. Cede el paso, sé amable, conserva tu armonía interior. Hoy en día no hay baños públicos como lo eran los baños romanos, pero hay calles con mucha gente, avenidas saturadas de coches, transportes públicos atiborrados, donde la persona quiere llegar primero, que no le estorbe nadie, que no la adelanten, que no la toquen, que no la vean, que no le hablen, que no hagan ruido, y se irrita ante cualquier mínimo contra-

tiempo dejando que emerja una ira irracional que le enferma y le enfrenta a otros seres, quienes, al igual que esa persona, pueden molestarse y llegar al enfrentamiento, el conflicto y, a veces, al asesinato, por una simple nimiedad, cuando todo pudo evitarse siendo amable.

V

A los hombres no les perturban las cosas, sino los puntos de vista que adoptan de las cosas. Así, la muerte no es nada terrible, si no se lo pareciera a Sócrates. Pero el terror reside en nuestra noción de la muerte, que es terrible. Por lo tanto, cuando nos sintamos trastornados o tristes, no culpemos a los demás, sino a nosotros mismos, es decir, a nuestras opiniones. Es característico de personas sin instrucción recriminar a los demás sus propias desgracias; de una persona que se está instruyendo, recriminarse a sí misma; y de una persona perfectamente instruida, no recriminar ni a los demás ni a sí misma.

Los prejuicios, algunos de ellos adquiridos in-conscientemente desde la más tierna infancia, como recriminar a los demás, juzgarlos, despre-ciarlos, creerse mejor o superior, tanto si se es un ignorante como si se es un doctor en ciencias y ar-tes; y recriminarse a sí mismo ante lo que consi-dera fallos o fracasos personales, o ante los demás, son una muestra de falta de instrucción. Personas perfectamente instruidas hay pocas, procura ser una de ellas.

VI

No te encumbres por ninguna grandeza que no sea la tuya. Si un caballo estuviera jubiloso y dijera: "Soy guapo", podría ser tolerable. Pero si estás jubiloso y dices: "Tengo un caballo hermoso", debes saber que estás jubiloso solo por el mérito del caballo. ¿Cuál es entonces tu mérito? El uso de los fenómenos de la existencia. De modo que, cuando estés en armonía con la naturaleza en este aspecto, estarás jubiloso con alguna razón; porque estarás jubiloso por algún mérito propio.

El mérito ajeno no es un mérito propio, si un héroe o un deportista de tu pueblo o nación gana, no ganas tú; y si fracasa o pierde, tampoco eres tú quién ha perdido. Solo lo que tú haces personalmente puede tener mérito, tanto si pierdes como si ganas, porque si ganas obtienes un triunfo personal e intransferible, y si pierdes adquieres una valiosa experiencia que te ayudará a ser una mejor versión de ti mismo.

VII

Lo mismo que en un viaje, cuando el barco está anclado, si vas a la orilla a por agua, puedes distraerte cogiendo un cangrejo o una concha en el camino, pero tus pensamientos deben estar permanentemente atentos hacia el barco, no sea que el capitán llame, y entonces debas dejar todas esas cosas, para no tener que ser llevado a bordo del barco, atado como una oveja; así también en la vida, si en lugar de una concha o un cangrejo, se te otorga algo como una esposa o un hijo, no hay problema; pero si el capitán llama, corre al barco, deja todas estas cosas, y no mires nunca atrás. Pero si eres viejo, no te alejes nunca de la embarcación, no sea que faltes cuando te llamen.

No dejes que las cosas banales te distraigan de tu objetivo. Céntrate y sé congruente. No dejes que la vida se te pase de largo, que hay oportunidades que no se dan jamás dos veces. Mantente atento al llamado de la vida.

VIII

No pretendas que los acontecimientos ocurran como tú quieres; pero anhela que ocurran como ocurren, y te irá bien.

Hay cosas inevitables en la vida que son como son y no como quisiera que fueran, aceptarlas en medida de lo razonable te evitará muchos disgustos. Lucha por lo que creas digno y justo, pero no te hagas falsas ilusiones y sé consciente de la realidad.

IX

La enfermedad es un obstáculo para el cuerpo, pero no para la voluntad si no le agrada. La cojera es un obstáculo para la pierna, pero no para la voluntad; y confiésate esto con respecto a todo lo que ocurre. Pues encontrarás que es un obstáculo para otra cosa, pero no verdaderamente para ti mismo.

Epicteto quedó cojo tras soportar que su amo le retorciera la pierna hasta rompérsela, y en lugar de quejarse por el mal recibido, simplemente le dijo a su amo con media sonrisa en la boca: "Pues bien, ahora tienes a un esclavo cojo que vale menos que ayer".

X

Ante cada tropiezo, recuerda volverte hacia ti mismo y examinar qué habilidad tienes para su uso. Si te encuentras con una persona atractiva, encontrarás que la habilidad primordial es la continencia; si el dolor, la fortaleza; si el agravio, la paciencia. Y cuando ya estés acostumbrado, los fenómenos de la existencia no te agobiarán.

Toda moneda tiene dos caras, la positiva y la negativa, o la fuerza de una acción y su contraparte o fuerza contraria, lo mismo que el antídoto de un veneno se encuentra en el veneno mismo. Aprende qué te aqueja y qué te hace mal, y aplica la fuerza contraria o complementaria para superar el mal.

XI

Nunca digas de algo: "Lo he perdido", sino: "Lo he recobrado". ¿Ha muerto tu hijo? Está restaurado. ¿Ha muerto tu mujer? Está recobrada. ¿Te han quitado tu patrimonio? También se recupera. "Pero fue un hombre malo quien lo tomó". ¿Qué es para ti por cuyas manos el que lo dio lo ha vuelto a exigir? Mientras te concede poseerla, tenla como algo que no te pertenece, como hacen los viajeros en las posadas.

Todo, absolutamente todo lo de este mundo es pasajero. Nada ni nadie es realmente tuyo. Todo es un préstamo, a veces bendito y agradable, y otras veces maldito y execrable, pero ni lo bueno ni lo malo de este mudo quedará para siempre en tus manos. Incluso la muerte solo es un paso más en la eternidad de la existencia.

XII

Si te quieres superar, deja a un lado razonamientos como estos: "Si descuido mis asuntos, no tendré manutención; si no castigo a mi criado, no servirá para nada". Porque más vale morir de hambre, libre de penas y temores, a vivir en la opulencia con nerviosismo; y más vale que tu criado sea malo que tú infeliz.

Empieza por las cosas pequeñas. ¿Se derrama un poco de aceite o se roba un poco de vino? Dígase a sí mismo: "Este es el precio que se paga por la paz y la tranquilidad; y nada se ha de tener por nada". Y cuando llames a tu criado, ten presente que es probable que no acuda a tu llamada; o, si lo hace, que no haga lo que deseas. Pero no es en absoluto grato para él, y muy ingrato para ti, que esté en su mano provocarte algún inconveniente.

Si tratas mal a quién te sirve, en realidad te estás tratando mal a ti mismo y hasta poniéndote en peligro, así que mientras más te eleves y triunfes, no te dejes marear por el poder ni creas que eres mejor o superior a nadie, primero porque es falso, y segundo porque te aprisiona y te hace vil y cobarde.

XIII

Si te quieres superar, conténtate con que te juzguen tonto y aburrido con relación a lo externo. No desees que crean que tienes conocimientos de algo; y aunque a los demás les parezca que eres alguien, desconfía de ti mismo. Pues ten por seguro que no es fácil mantener tu voluntad en armonía con la naturaleza y al mismo tiempo asegurar lo externo; pero mientras estés concentrado en lo uno, debes necesariamente descuidar lo otro.

Lo que gusta y divierto a muchos, es zafio, vulgar o pobre, decía Aristóteles, porque no está hecho el almíbar para la boca del asno. No te dejes arrastra por modas o por lo que le gusta a muchos, pues nada bueno ganas con ser uno más. Concéntrate en ti mismo.

XIV

Si aspiras a que tus hijos, tu mujer y tus amigos vivan para siempre, eres un insensato, pues deseas que estén en tu poder cosas que no lo están, y que lo que es de otros sea tuyo. De la misma manera, si deseas que tu criado no tenga ningún defecto, eres un insensato, pues deseas que el vicio no sea vicio, sino otra cosa. Pero si no deseas ser defraudado en tus deseos, eso está bajo tu control. Ejerce, pues, lo que está en tu control. El maestro de un hombre es aquel que puede atribuir o quitar lo que ese hombre busca o evita. Quien quiera ser libre, que no desee nada, que no rechace nada que dependa de otros; de lo contrario, será obligatoriamente un esclavo.

A menudo el amo es más esclavo que su esclavo, al igual que el carcelero es más preso que el reo, y en lugar de ser un padre o un esposo ideal, es un insensato que cree que su familia no tiene vida propia ni pensamientos suyos ni defectos, virtudes o deseos inconfesables. Sé maestro de ti mismo, y no intentes ser dueño de los demás, porque toda atadura, hasta la más hermosa, robará tu armonía, tu paz interior y tu libertad.

XV

No olvides que debes comportarte como quien está en un banquete. ¿Te acercan algo? Extiende la mano y toma una parte razonable. ¿Pasa por tu lado? No lo detengas. ¿Aún no ha llegado? No ambiciones tenerlo, sino espera a que te llegue. Lo mismo ocurre con los hijos, la esposa, el cargo, las riquezas; y alguna vez serás digno de festejar con los dioses. Y si ni siquiera tomas las cosas que se te proponen, sino que eres capaz incluso de renunciar a ellas, entonces no solo serás merecedor de festejar con los dioses, sino también de gobernar con ellos. Porque, procediendo de esta forma, Diógenes y Heráclito, y otros como ellos, se convirtieron con razón en divinos, y así fueron reconocidos.

Nada de lo que me puedas ofrecer puede contentarme, le dijo Diógenes de Sinope al triunfante Alejandro Magno. ¿Nada? Inquirió el gran conquistador. Bueno, dijo Diógenes, puedes apartarte un poco porque me estás tapando el sol. Huye de las tentaciones, y vivirás más tranquilo y mejor.

XVI

Cuando veas a alguien llorar de tristeza, bien sea porque su hijo ha partido al extranjero o porque ha sufrido en sus asuntos, intenta no dejarte dominar por el mal aparente, sino discierne y prepárate para decir: "Lo que entristece a este hombre no es este suceso en sí mismo —pues a otro hombre podría no dolerle—, sino el punto de vista que escoge adoptar al respecto". En cuanto a la conversación, sin embargo, no desestimes adaptarte a él y, si es necesario, llorar con él. Ten cuidado, sin embargo, de no llorar también interiormente.

Lo cortés no quita lo valiente, ni lo amable y empático lo estoico. Apoya a quién sufra en la medida de lo razonable sin dejarte arrastrar por las emociones propias, y mucho menos por las ajenas. Toda pérdida es una ganancia, y todo dolor una alegría, cuestión de una sana y positiva perspectiva.

Retrato imaginario de Epicteto. Frontispicio grabado de la traducción latina de Edward Ivie del *Manual de Vida* de Epicteto, impresa en Oxford en 1715.

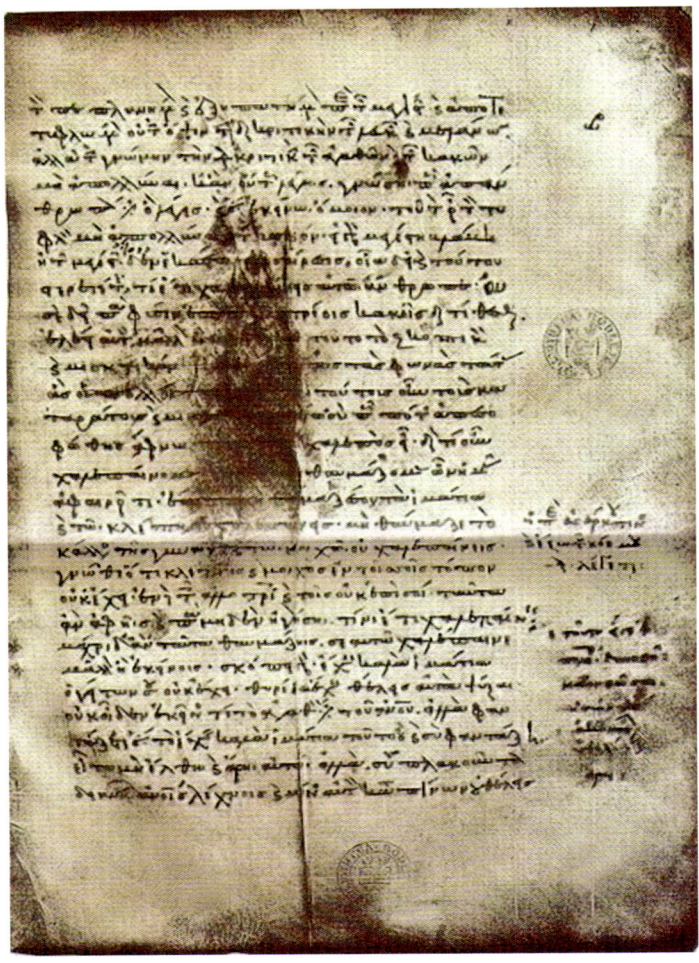

El "Codex Bodleianus" de los "Discursos de Epicteto". Primera versión impresa del *Manual de Vida*, publicado en griego por Vettore Trincavelli, en Venecia en 1535.

ʼΕΠΙΚΤΗΤΟΥ

ʼΕΓΧΕΙΡΙΔΙΟΝ.

EPICTETI

ENCHIRIDION.

ΚΕΦ. ά.

Τῶν ὄντων τὰ μὲν ἐστιν ἐφ' ἡμῖν, τὰ δὲ ὀκ ἐφ' ἡμῖν. ἐφ' ἡμῖν μὲν ὑπόληψις, ὁρμὴ, ὄρεξις, ἔκκλισις· καὶ ἑνὶ λόγῳ, ὅσα ἡμέτερα ἔργα. ὀκ ἐφ' ἡμῖν δὲ, τὸ σῶμα, ἡ κτῆσις, δόξαι, ἀρχαί. κỳ ἑνὶ λόγῳ, ὅσα ὀχ ἡμέτερα ἔργα.

CAP. I.

Res quædam in potestate nostra sunt, quædam non sunt. In nostra potestate est opinio, appetitio, desiderium, aversatio; &, ut uno complectar verbo, quælibet nostræ actiones. Nostri arbitrii non sunt corpus, pecunia, gloria, imperia: ad summam, ea quæ ipsi non agimus, omnia.

1 Tribuitur hoc Enchiridion Epicteto, quamvis ipse id non scripserit, sed Arrianus, qui & uberiorem in id commentarium edidit, quo disputationes Epicteti plenius prosequitur. Testatur id Simplicius in præfatione commentarii ad hunc libellum hisce verbis: Τὸ δὲ βιβλίον τῦτο τὸ

Idem Arrianus & hunc libellum, quod Enchiridion inscribitur composuit, delectu ex Epicteti disputationibus philosophiæ locu maxime idoneu ac necessariis, & animo: vehementissime permoventibus. Snecanus.

2. Non solùm pugio Græcis hoc nomine vocatur, sed etiam quid-

Primera página del primer capítulo
de la edición de 1683 de *Manual de Vida*, en griego
y en latín, obra de Abrahamus Berkelius.

Ruinas del Teatro romano de Hierápolis,
ciudad donde nació Epicteto.

Epicteto discutiendo con Adriano. Biblioteca
Nacional, Madrid. Siglo XV. Se dice que es una copia
de la versión de la Biblioteca Bodleiana.

Inscripción dedicada a Epafrodito, Museo de las Termas de Diocleciano. Epicteto fue esclavo de Epafrodito y posteriormente le otorgó la libertad.

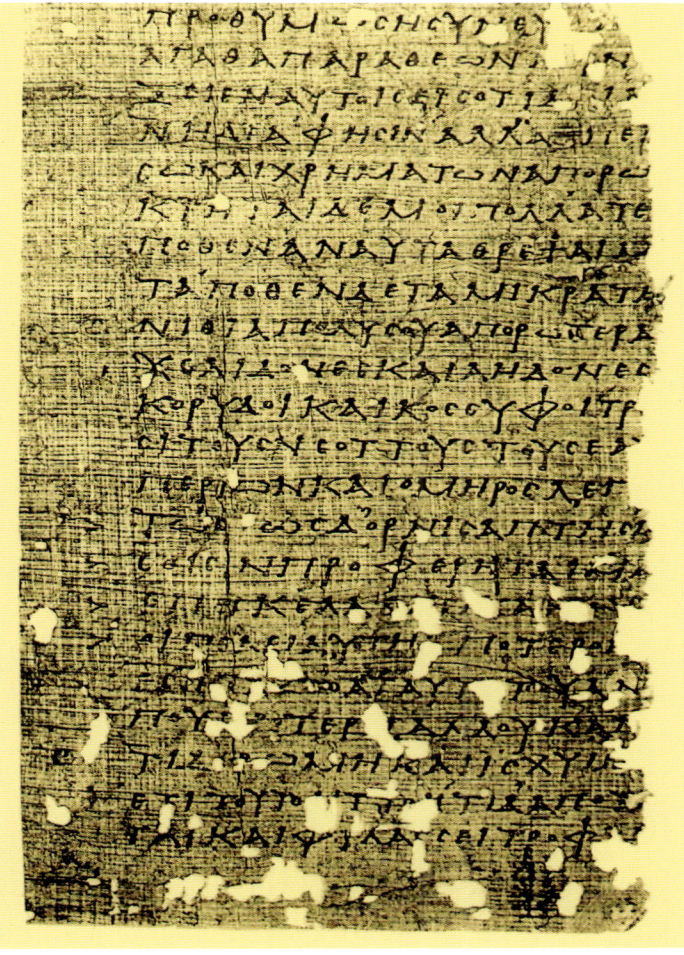

Fragmento de papiro de Musonio Rufo.
Filósofo estoico romano y maestro de Epicteto.

Busto del emperador romano Marco Aurelio,
el seguidor más celebre de las enseñanzas de Epicteto.

Grabado renacentista de Epicteto.

Frontispicio que representa a Epicteto en una edición 1890 del *Manual de Vida*. Publicado por Henry Altemus, Filadelfia.

Zenón de Citio, padre del estoicismo.
Grabado de Pietro Ghigi, siglo XIX.

Epicteto. Grabado de Antonio Regona,
siglo XIX.

Busto del emperador Domiciano,
responsable del exilio de Epicteto.

Voltaire, pintura de Nicolas de Largillière, 1720.
El pensador francés Voltaire leyó el *Manual de Vida*
como estudiante y se vio muy influenciado
por sus enseñanzas.

Denis Diderot, pintura de Louis-Michel van Loo.
El filósofo francés también fue influenciado por
el estoicismo de Epicteto.

Representación de uno de los pocos retratos de
Flavio Arriano, alumno de Epicteto y el que recopiló
sus enseñanzas del *Manual de Vida.*

XVII

Recuerda que eres un actor en un drama del tipo que el autor elija: si es corto, entonces en uno corto; si es largo, entonces en uno largo. Si le agrada que representes a un pobre, o a un lisiado, o a un gobernante, o a un ciudadano particular, procura hacerlo bien. Porque eso es lo que te corresponde: actuar bien el papel asignado, pero elegirlo es facultad de otro.

Haz lo que sepas hacer, y sé quién en realidad eres intentando ser siempre la mejor versión de ti mismo en el plano de vida que te haya tocado. Recuerda que todo ya estaba puesto y definido cuando tú llegaste a este mundo, así que acepta al mundo tal cual es, y acéptate a ti mismo, sin dejar por ello de avanzar siempre por el mejor de los caminos, porque es lo único que está en tu manos.

XVIII

Cuando un cuervo grazne infelizmente, no te dejes derrotar por las apariencias, sino discierne y di: "Nada se me vaticina, ni a mi desgraciado cuerpo, ni a mi propiedad, ni a mi prestigio, ni a mis hijos, ni a mi esposa. Para mí todos los presagios son venturosos si quiero. Porque de todo lo que ocurra, me corresponde sacar provecho".

Incluso la peor de las supersticiones y el peor de los vaticinios no valen nada y hasta de ellos se puede sacar algo positivo cuando se tiene la mente clara y el conocimiento de que al final todo depende de uno mismo. Los astros pueden inclinar, pero no obligar, la voluntad personal es la que define el destino.

XIX

Puedes ser invencible si no entras en ningún combate en el que no esté en tu mano vencer. Por lo tanto, cuando veas a alguien distinguido en honores o poder, o en alto reconocimiento por cualquier otro motivo, ten cuidado de no dejarte confundir por las apariencias y de proclamarlo feliz; porque si la esencia del bien consiste en las cosas que están en nuestro control, no habrá lugar para la envidia o la rivalidad. Pero, por tu parte, no desees ser general, ni senador, ni cónsul, sino ser libre; y el único camino para ello es despreciar las cosas que no están en nuestro control.

La verdadera felicidad es serena y duradera, la riqueza, los premios, los triunfos y el poder no la pueden dar, pues son solo caramelos para el ego poco duraderos que al final se convierten en tragos amargos. No desees lo que tienen los demás, porque la felicidad verdadera no conoce de envidias ni de frustraciones. Sé tú mismo.

XX

No olvides que la afrenta no viene de quien injuria o agrede, sino del punto de vista que tenemos de estas cosas como ofensivas. Cuando, por tanto, alguien te irrite, ten por seguro que es tu propia opinión la que te irrita. Procura, en primer lugar, no dejarte perturbar por las apariencias. Pues una vez que te des tiempo y respiro, te dominarás más fácilmente.

No ofende quién quiere, sino quién puede, porque en realidad el único que puede ofenderte eres tú mismo, que te has visto reflejado en el otro. Recuerda que aquel que logra tu enfado, odio o ira, se ha convertido en tu dueño. Respira, piensa, reflexiona, medita y actúa en consecuencia, porque una vez que hayas respirado, pensado, reflexionado y meditado, verás las cosas desde una mejor perspectiva.

XXI

Que la muerte y el exilio, y todas aquellas cosas que parezcan terribles, estén siempre ante tus ojos, principalmente la muerte; así, nunca albergarás un pensamiento mezquino, ni codiciarás nada con demasiada ambición.

A menudo las cosas que nos parecen más amenazantes y terribles, son en realidad una liberación, y una magnífica oportunidad de mejorar tu existencia, la muerte incluida.

XXII

Si tienes apasionado interés por la filosofía, prepárate desde el comienzo para que la multitud se ría, se burle, y diga con sorna: "Se nos ha vuelto filósofo de una vez"; y, "¿De dónde viene esa mirada de arrogancia?" Ahora, procura no tener una mirada arrogante, sino mantente firme en lo que te parezca mejor, como alguien destinado por lo Divino para esta misión en particular. Porque recuerda que, si eres perseverante, esas mismas personas que al principio te ridiculizaban te admirarán después. Pero si eres persuadido por ellos, incurrirás en un doble ridículo.

Epicteto no tenía un "Dios", sino varios dioses, y, por su origen, Zeus era el más importante de ellos, y en él no podía ver lujuria ni maldad, sino bondad y belleza, por lo que sus designios debían ser siempre positivos a pesar de las dificultades que entraña la vida, en la cual debes hacer y realizar aquello que mejor se acomode a tu crecimiento personal, y no a lo que esperan de ti los demás. Mantente firme, lo auténtico siempre termina brillando.

XXIII

Si en algún momento se te ocurre prestar atención a lo externo, por complacer a alguien, no tangas duda de haber arruinado tu esquema de vida. Confórmate, entonces, con ser un filósofo en todo; y si quieres serlo igualmente para alguien, sé lo a ti mismo, y te bastará.

Sé aquello que puedas y quieras ser sin complacer a nadie más que a ti mismo, y sin importar los bienes materiales o los placeres de la vanidad, y no te perderás el camino de la verdadera felicidad, que es tuya y personal y de nadie más. Recuerda que nadie puede comer por boca ajena.

XXIV

Que no te agobien apreciaciones como estas: "Viviré en el desprestigio y no seré nadie en ninguna parte". Porque si el desprestigio es un mal, no puedes estar más envuelto en otro mal que en el de la bajeza. ¿Es acaso, asunto tuyo conseguir el poder o ser admitido en un espectáculo? En absoluto. ¿Cómo es entonces, este desprestigio? ¿Y cómo es verdad que no serás nadie en ninguna parte cuando solo deberías serlo en aquellas cosas que están dentro de tu propio control, en las que puedes ser de mayor fruto? "Pero mis amigos no tendrán ayuda". ¿Qué quieres decir con "no tendrán ayuda"? No tendrán dinero de ti, ni los harás ciudadanos romanos. ¿Quién te ha dicho, pues, que estas son las cosas que están bajo nuestro control , y no los asuntos de otros? ¿Puede alguien dar a otro lo que él mismo no tiene? "Bien, pero consíguelos, entonces, para que nosotros también tengamos una parte". Si puedo obtenerlas preservando mi propio honor, fidelidad y respeto a mí mismo, muéstrame el camino y las obtendré; pero si pretendes que pierda mi propio bien, para que tú puedas ganar lo que no es bueno, considera cuán insensato y necio eres. Además, ¿qué prefieres tener, una suma de dinero o un amigo fiel y honorable? Ayúdame a ganar este carácter antes de exigirme que haga aquellas cosas por las que pueda perderlo. Bien, pero mi país, dices, en la medida en que depende de mí, estará sin protección. Aquí, de nuevo, ¿a qué protección te refieres? ¿No tendrá pórticos ni baños que tú le proporciones? ¿Y qué significa eso? Pues que ni un herrero la provee de zapatos, ni un zapatero de armas. Basta con que cada uno se ocupe completamente de sus propios asuntos. Y si le suministraras otro ciudadano fiel y honorable, ¿no le sería útil? Sí. Por lo tanto, tampoco tú mismo le eres inútil". "¿Qué lugar, entonces", dices, "ocuparé en el Estado?" El que puedas ocupar con la preservación de tu fidelidad y honor. Pero si, por querer ser útil a aquel, pierdes estos, ¿cómo podrás socorrer a tu patria si te has vuelto infiel y desvergonzado?

No te dejes engañar por supuestos "bienes superiores", "por el supuesto bien común" o "por algo superior a ti" y caer por ello en corrupción, complicidad o ambición propia. El bien superior de todos es la paz, la armonía y la felicidad, y no se logra con componendas y prevaricaciones. Mientras más grande sea la tentación, mayor debe ser tu virtud de hacer lo correcto.

XXV

¿Prefieren a otro antes que a ti en una diversión, o en los obsequios, o en las relaciones privadas? Si estas cosas son buenas, debes alegrarte de tenerla; y si son malas, no te aflijas por no tenerlas. Y recuerda no permitirte rivalizar con otros en lo exterior sin usar los mismos medios para obtenerlos. Pues, ¿cómo puede tener una parte igual con el que hace estas cosas quien no acude a la puerta de ningún hombre, no lo atiende, no lo alaba? Eres, pues, injusto e insensato si no estás dispuesto a pagar el precio por el que se venden estas cosas, y quieres tenerlas por nada. ¿Por cuánto se venden las lechugas? Un donativo, por ejemplo. Si otro, entonces, pagando un donativo, se lleva las lechugas, y tú, al no pagarlo, te quedas sin ellas, no te imagines que ha ganado alguna ventaja sobre ti. Porque así como él tiene las lechugas, tú conservas el donativo que no diste. Así, en el presente caso, no has sido invitado a la diversión de tal persona porque no has pagado el precio por el que se vende una cena. Se vende por alabanza; se vende por cooperación. Dale, pues, valor si es para tu beneficio. Pero, si al mismo tiempo no quieres pagar lo uno, y sin embargo recibir lo otro, eres insensato y necio. ¿No tienes nada, entonces, en lugar de la cena? Sí, tienes en efecto: no alabar a quien no quieres alabar; no soportar el descaro de sus lacayos.

Nada en esta vida es gratis, nadie da nada por nada, el verdadero altruismo es muy escaso, por tanto, cuando te regalen algo, siempre será a cambio de algo, desde algo muy simple como el agradecimiento o una sonrisa, hasta bienes, posesiones o vil dinero. De una o de otra manera, por todo aquello que te inviten, den u ofrezcan "gratis", al final debes pagar. Quien hace un regalo generalmente quiere un regalo de vuelta. Todo regalo que aceptes es una obligación posterior.

XXVI

El mandato de la naturaleza puede aprenderse de cosas en las que todos estamos de acuerdo. Como cuando el hijo de nuestro vecino rompe una taza, o algo semejante, estamos dispuestos a decir de inmediato: "Son imprevistos que suceden"; ten, pues, la certeza de que cuando tu propia taza se rompa igualmente, debes sentirte afectado como cuando se rompió la del otro. Ahora aplica esto a cosas mayores. ¿Ha muerto el hijo o la esposa de otro? No falta quien diga: "Esto es un accidente de la mortalidad". Pero si a alguien se le muere su propio hijo, inmediatamente dice: "¡Ay, qué desdichado soy!". Recuerda siempre cómo nos afecta oír lo mismo respecto a los demás.

Que lo que sientas por el dolor ajeno, sea lo mismo que sientes por tu propio dolor, así si el dolor de los demás no te mella ni te importa, tu propio dolor no debe afectarte en lo absoluto.

XXVII

Así como una prueba no se fija para no alcanzar el objetivo, así tampoco existe la naturaleza del mal en el mundo.

Tal y como señalara Diógenes, en la Naturaleza no existe el mal, ni la maldad ni la malicia. El león no es cruel cuando mata y come a su víctima, porque ser depredador carnívoro es su naturaleza. El bien y el mal para la humanidad es una convención social que debe respetarse y entenderse como un intento de orden social, pero no como una esencia natural del mal ni del bien. Nadie es malo ni bueno por naturaleza, solo que ser malo a menudo es aparentemente más fácil y cómodo, que esforzarse por ser bondadoso y hacer el bien.

XXVIII

Si una persona entrega tu cuerpo a algún tran-
seúnte, seguro te enfadarías. Entonces ¿no sientes
vergüenza al entregar tus pensamientos a cualquier
agresor, para ser perturbado y confundido?

*Sé firme, congruente y consecuente con tus
pensamientos razonables y correctos, consérvalos
hasta la muerte, no los entregues a nada ni a nadie. Escucha a los demás y comprende sus palabras y pensamientos, incluso sé amable y no en-
tres en debates inútiles, porque no vale la pena
discutir con las paredes, analiza mejor tus propias ideas y pensamientos, y saca conclusiones al
respecto y actúa en consecuencia, pero no cedas ni
finjas estar de acuerdo con lo que no te parece correcto, porque entonces corres el peligro de perder
tu propia esencia.*

XXIX

Antes de emprender cualquier asunto, considera lo que precede y lo que prosigue. De lo contrario, comenzarás animado, seguramente, indiferente a las consecuencias, y cuando estas se produzcan, desistirás vergonzosamente. "Yo podría obtener una medalla en los Juegos Olímpicos". Antes, considera lo que precede y lo que prosigue, y entonces, si es para tu beneficio, emprende el asunto. Debes ajustarte a unas reglas, someterte a una dieta, abstenerte de los remilgos; ejercitar tu cuerpo, lo prefieras o no, a una hora determinada, con calor y con frío; no debes beber agua fría, y seguro tampoco vino; en una palabra, debes entregarte a tu entrenador como a un médico. Entonces, durante el combate, puedes ser arrojado a una zanja, dislocarte un brazo, torcerte un tobillo, tragar mucho polvo, recibir azotes (por descuido) y, después de todo, perder la victoria. Cuando hayas evaluado todo esto, si tu deseo aún se mantiene, emprende el combate. De lo contrario, fíjate, actuarás como los niños que a veces juegan a ser luchadores, a veces gladiadores, otras a tocar la trompeta y otras a representar una tragedia, cuando por casualidad han visto y admirado estos espectáculos. Así, tú también serás en un momento un luchador, y en otro un gladiador; ahora un filósofo, ahora un orador; pero nada con sensatez. Como un mono, imitas todo lo que ves, y una cosa tras otra seguro que te gusta, pero queda fuera de lugar tan pronto como te resulta familiar. Porque nunca has emprendido nada con consideración; ni después de haber estudiado y probado todo el asunto, sino con negligencia, y con un interés a medias. Así, entonces, cuando veas a un filósofo y oigas hablar a un hombre como Eufrates, aunque, ciertamente, ¿quién puede hablar como él? Hombre, considera primero, cuál es el asunto, y lo que tu propia naturaleza es capaz de soportar. Si quieres ser un luchador, considera tus hombros, tu espalda, tus muslos; porque las personas son diferentes entre sí y, por lo tanto, están hechas para diferentes propósitos. ¿Crees que puedes actuar como lo haces y ser un filósofo, que puedes comer, beber, enojarte, estar descontento, como lo estás ahora? Tienes que vigilar, tienes que trabajar, tienes que dominar ciertos apetitos, tienes que apartarte de tus conocidos, ser despreciado por tu sirviente, que se rían de ti los que conoces; salir peor parado que otros en todo, en los cargos, en los honores, ante los tribunales. Cuando hayas considerado completamente todas estas cosas, acércate, si te agrada, es decir, si, al separarte de ellas, tienes la intención de adquirir serenidad, libertad y tranquilidad. Si no es así, no vengas aquí; no seas, como los niños, ahora un filósofo, luego un publicano, luego un orador, y luego uno de los oficiales del César. Eso no es coherente. Debes ser un solo hombre, ya sea bueno o malo. Debes cultivar tu propia razón o bien la externa; esforzarse en las cosas de dentro o de fuera, es decir, ser un filósofo o uno de la plebe.

Todo logro requiere una seria preparación, estudio, ejercicio, meditación, reflexión, voluntad, esfuerzo y acción, porque solo de esta manera tanto tus victorias como tus derrotas serán verdaderamente tuyas, y no una deuda, un oprobio o un ridículo que deberás a otros. Quien está dispuesto a matar, debe estar dispuesto también a morir, porque incluso para hacer el mal o la guerra hay que estar preparado física, mental y emocionalmente, si no, la derrota y la autodestrucción son inminentes.

XXX

Generalmente los deberes se miden por las relaciones. ¿Es cierto hombre tu padre? Esto implica cuidarlo, someterse a él en todo, aceptar pacientemente sus reproches, su corrección. Pero es un mal padre. Entonces, ¿tu nexo natural es con un buen padre? No, sino a un padre. ¿Es un hermano injusto? Pues conserva tu propia relación justa hacia él. No consideres lo que él hace, sino lo que tú debes hacer para mantener tu propia voluntad en un estado conforme a la naturaleza, pues otro no puede herirte si no te complace.

Entonces serás herido cuando consientas en ser herido. Así, pues, si te acostumbras a contemplar las relaciones del individuo, del ciudadano, del comandante, podrás deducir de cada uno los deberes correspondientes.

Procura siempre comportarte y relacionarte con los tuyos como te relaciones con los demás, sin juzgar por bien o mal el comportamiento ajeno, algo que no puedes ni debes controlar, ya que solo puedes controlar tu propio comportamiento, tanto en el hogar como en la vida pública.

No seas candil de la calle y oscuridad de tu casa ni viceversa, sé luz y flama en todas partes, sin importarte el comportamiento de los demás, deja que cada uno haga su papel y vivirás más sano y más tranquilo.

XXXI

Ten la seguridad de que la naturaleza de la piedad hacia los dioses radica en: formarte opiniones correctas respecto a ellos, en cuanto a que existen y gobiernan el universo justamente y bien. Y fíjate en este dictamen, para obedecerlos, y ceder ante ellos, y seguirlos de buen grado en medio de todos los acontecimientos, como regidos por la más perfecta sabiduría. Porque así nunca encontrarás fallos en los dioses, ni los acusarás de desampararte. Y no es posible que esto se afecte de otra manera que no sea apartándose de las cosas que no están dentro de nuestro propio poder, y haciendo que el bien o el mal consistan solo en las que sí lo están. Porque si supones que otras cosas son buenas o malas, es inevitable que, cuando no te complazcan en lo que deseas o incurras en lo que quieres evitar, reproches y culpes a sus autores. Porque toda criatura está naturalmente formada para huir y aborrecer las cosas que parecen perjudiciales y lo que las causa; y para perseguir y admirar las que parecen beneficiosas y lo que las causa. Es imposible, entonces, que quien se supone perjudicado agradezca a la persona que, según piensa, le perjudica, así como es imposible agradecer el propio perjuicio.

De ahí también que un padre sea agraviado por su hijo cuando no le imparte las cosas que le parecen buenas; y esto hizo que Polinices y Eteocles se enemistaran: ese imperio les parecía bueno a ambos. Por este motivo, el agricultor ofende a los dioses; y lo mismo hace el marinero, el comerciante o aquel que ha perdido a su mujer o a su hijo. Porque donde está nuestro interés, allí también se dirige la piedad. De modo que quien se cuida de moderar sus deseos y aversiones como debe, se cuida también de la piedad. Pero también incumbe a cada uno ofrecer libaciones y sacrificios y anuncios, según las costumbres de su país, con pureza, y no con descuido ni negligencia; ni con avaricia, ni tampoco con caprichos.

Como buen estoico místico, Epicteto no puede concebir dioses malignos, lujuriosos, malvados, que dan y quitan la suerte a su antojo, que matan a pueblos buenos enteros, y favorecen a pueblos carroñeros y prepotentes, que hunden en la miseria a hombres probos, y que premian a asesinos, gobernantes y criminales, como divinidades caprichosas, injustas y crueles que se ríen de los animales humanos, y que, por lo tanto, se les debe alabar sinceramente, en lugar de pedirles milagros y favores inmerecidos. Los dioses, para Epicteto, actúan correctamente y no son ni escla-

vos ni dueños de los hombres, sino los creadores y designadores del mundo, donde hay de todo para todos y cada uno de nosotros, y en el que los seres humanos son los únicos responsables de sus actos, sus triunfos, sus derrotas, sus pensamientos y sus locuras, no los dioses.

XXXII

Cuando recurras a los vaticinios, recuerda que no sabes cuál será el suceso, y vienes a aprenderlo del adivino; pero conoces su naturaleza y ya lo sabías antes de ir; al menos, si eres de mente filosófica. Porque si está entre las cosas que no están en nuestro poder, no puede ser de ninguna manera ni bueno ni malo. Por lo tanto, no lleves contigo al adivino ni el deseo ni el desprecio, de lo contrario te acercarás a él temblando, al contrario, primero entiende claramente que todo acontecimiento es indiferente y vacío para ti, sea del tipo que sea; porque está en tu mano hacer un uso correcto de él, y esto nadie puede impedirlo. Acude entonces con confianza a los dioses como tus consejeros; y después, cuando te den algún consejo, recuerda a qué consejeros has acudido, y cuyo consejo desatenderás si lo desobedeces. Acude a la adivinación como lo mandó Sócrates, en los casos en que toda la consideración se relaciona con el suceso, y en los que no se ofrecen oportunidades mediante la razón o cualquier otro arte para descubrir el suceso en cuestión. Cuando, por lo tanto, es nuestro deber compartir el peligro de un amigo o de nuestro país, no debemos consultar al oráculo sobre si lo compartiremos con ellos o no. Porque aunque el adivino nos advierta que los presagios son desfavorables, esto no significa más que se presagia la muerte, la mutilación o el exilio. Pero tenemos la razón dentro de nosotros; y nos conduce, incluso con estos riesgos, a permanecer junto a nuestro amigo y nuestro país. Atiende, entonces, al mayor adivino, el dios Pitón, que una vez expulsó del templo a quien se abstuvo de salvar a su amigo.

Sabes que no puedes conocer el futuro más que por la consecuencia de tus actos actuales, y que mientras mejor hagas las cosas y menos dependas de los demás o de los apegos emocionales y materiales, mejor será lo que te espera. Los accidentes y las catástrofes son inevitables, y nada puedes hacer si te encuentras con ellos, incluso si te lo han vaticinado. La única certeza de futuro es la muerte, condición natural de los animales y los humanos, por lo que vaticinarla es de lo más fácil, y, sobre todo para el que muere, no es ningún drama, y para sus deudos es una tragedia, porque los deja sin nada, o una alegría, porque la herencia ha sido buena. Salves a quien salves y hagas lo que hagas, bueno o malo, tu destino final y seguro es pasar a otro plano, donde el bien y el mal de este mundo se diluyen a la luz de la razón elevada.

XXXIII

Empieza por plantearte un carácter y una conducta que puedas conservar tanto a solas como en compañía.

Guarda silencio cada vez que puedas, o habla solo lo necesario y con pocas palabras. Podemos, sin embargo, muchas veces entrar en la disertación con moderación, cuando la ocasión lo requiera; pero que en ningún caso se trate de temas comunes, como los gladiadores, o las carreras de caballos, o los campeones de atletismo, o la comida, o la bebida, los temas vulgares de la conversación, y principalmente no sobre los hombres, ya sea para culpar, o elogiar, o hacer comparaciones. Si puedes, entonces, con tu conversación, lleva la de tu acompañante a temas apropiados; pero si te encuentras entre extraños, guarda silencio.

No permitas que tu risa sea fuerte, habitual o abundante.

Evita los juramentos, si es posible, por completo; en todo caso, en la medida de tus posibilidades.

Elude las diversiones públicas y vulgares; pero si alguna vez se te presenta la ocasión, mantén tu atención en el intervalo, para no caer imperceptiblemente en la vulgaridad. Porque ten por seguro que si una persona es tan pura, si su compañero se corrompe, el que departe con él también se corromperá.

No proporciones artículos relacionados con el cuerpo más allá de lo que requiere la necesidad absoluta, como la comida, la bebida, el vestido, la casa, la compañía. Deja de lado todo lo que mire hacia el espectáculo y el lujo.

Antes de casarte guárdate con toda tu disposición de no tener relaciones ilícitas con las mujeres; pero no seas poco compasivo ni severo con los que son inducidos a ello, ni te jactes frecuentemente de que tú no lo haces.

Si alguien te dice que alguien habla mal de ti, no te defiendas de lo que se dice de ti, sino responde: "Ignoraba esas otras faltas, si no, no habría mencionado solo estas".

No es necesario que aparezcas con frecuencia en los espectáculos públicos; pero si alguna vez hay una ocasión propicia para que estés allí, no te muestres más complaciente con ningún otro que por ti mismo, es decir, desea que las cosas sean solo como son, y que solo gane el mejor; porque así nada irá en tu contra. Pero renuncia por completo a las aclamaciones y burlas y a las emociones violentas. Y cuando te vayas, no discutas mucho sobre lo que ha pasado y que no contribuye en nada a tu mejoramiento. Porque por tal discurso parecería que te has deslumbrado con el espectáculo.

No te apresures a asistir a los recitales privados; pero si asistes, conserva tu gravedad y dignidad, y evita, sin embargo, hacerte desagradable.

Cuando vayas a disertar con cualquier persona, y especialmente con alguien que parezca tu superior, imagina cómo se comportarían Sócrates o Zenón en tal situación, y no estarás en apuros para afrontar adecuadamente lo que pueda ocurrir.

Cuando vayas a presentarte ante alguien poderoso, imagínate que no lo encontrarás en casa, que te dejarán fuera, que no te abrirán las puertas, que no reparará en ti. Si, a pesar de todo, es tu deber asistir, soporta lo que ocurra y nunca te digas: "No valía tanto"; porque esto es vulgar, y propio de un hombre desconcertado por lo externo.

Cuando estés en compañía, evita mencionar frecuente y excesivamente de tus propias acciones y peligros. Porque por muy agradable que sea para ti mismo mencionar los riesgos que has corrido, no es igualmente agradable para los demás escuchar tus aventuras. Evita también el intento de provocar la risa, pues esto puede hacerte caer fácilmente en la vulgaridad y, además, puede rebajarte en la estima de.tus conocidos. También es peligroso acercarse a un discurso inmoral. Por lo tanto, cuando ocurra algo de este tipo, aprovecha la primera oportunidad para recriminar a quien se insinúa de esa manera, o, al menos, mediante el silencio, el rubor y una mirada seria, muéstrate disgustado ante la conversación.

Si no lo sabes, no lo digas ni finjas saberlo, y si no es correcto, no lo hagas.

Sé siempre amable y mesurado.

Aprende a escuchar, pero no des crédito ni contradigas necedades.

Mantente serio y adusto.

No prestes oídos a lo inmoral, a lo sucio o a lo corrompido mas no te burles de nada ni de nadie, ni desprecies ni menosprecies a quién no piensa como tú.

No hagas juicios de valor ni te dejes llevar por prejuicios propios o ajenos.

Tus críticas deben ser fundamentadas, ofrecer una mejor opción alternativa y ser constructivas, no lacerantes ni destructivas, de lo contrario es mejor que guardes silencio.

Piensa, reflexiona y medita siempre antes de hablar. Sé dueño de tus palabras tanto como de tus silencios.

No intentes quedar bien ni mal con los demás, simplemente sé tú mismo.

Compórtate como sabes que debes comportarte, sin importar cómo se comporten los demás.

Seguir estos consejos te abrirá muchas puertas y te evitará muchos conflictos.

XXXIV

Si te cautiva la apariencia de algún placer prometido, cuídate de que te desconcierte; deja que el asunto espere tu tiempo libre, y procúrate algún retraso. Trae entonces a tu mente los dos puntos del tiempo, aquel en el que gozarás del placer, y aquel en el que te arrepentirás y te reprocharás, después de haberlo disfrutado. En contraste, pon delante de ti, cómo te alegrarás y te aplaudirás si te abstienes. Y aunque te parezca una gratificación conveniente, cuida de que su tentación, atractivo y seducción no te subyuguen. En contraste, piensa cuánto mejor es tener conciencia de haber obtenido tan gran victoria.

Epicuro, a pesar de ser muy criticado por haber abierto la puerta al placer en el pensamiento filosófico, también apostaba por la moderación y hasta por la abstención cuando el placer fuera excesivo, adictivo o excluyera a la persona de sus responsabilidades, y sí, muchas veces se logra mayor placer absteniéndose, que dejándose atrapar por la tentación, pues es mejor ser el único que no ha caído, que ser uno más del montón de los que sí cayeron.

XXXV

Cuando hagas algo con la resolución clara de que debe hacerse, no evites nunca que te vean hacerlo, aunque el mundo lo malinterprete; pues si no actúas bien, evita la acción misma; si lo haces, ¿por qué temer a los que te condenan injustamente?

Resulta extraño, contrario a la razón y hasta curioso, pero, más a menudo de lo deseable, decir la verdad molesta, inquieta o incomoda, hacer lo correcto atrae críticas, no caer en tentación o en corrupción atrae incluso ofensas y blasfemias, tildando de loco o de estúpido al que no cede ante el poder, la indignidad o el dinero mal habido, sin embargo, nos dice Epicteto, que hay que hacer conscientemente siempre lo correcto sin prestar atención a la condena ajena.

XXXVI

Así como la proposición "o es de día o es de noche" tiene mucha eficacia en un argumento disyuntivo, pero ninguna en uno conjuntivo, así, en un banquete, elegir la mayor parte es muy adecuado al apetito corporal, pero totalmente incoherente con el espíritu social del entretenimiento. Cuando comas con otro, recuerda, no solo el valor para el cuerpo de las cosas que se te ponen delante, sino también el valor de la necesaria cortesía hacia tu anfitrión.

Sé mesurado en tu comportamiento en toda ocasión, cortés y amable, no dejes que las pasiones animales de hambre te conviertan en una bestia desagradecida, en una persona aprovechada que abusa de la generosidad de su anfitrión para darle la espalda en cuanto ha satisfecho sus instintos. Sé un ser humano amable y bondadoso, y no un ave de rapiña.

Retrato imaginario en tinta del filósofo Epicteto.
Del libro de 1653 "Les Morales d'Epictète, de Socrate,
de Plutarque, et de Sénèque", de Jean Desmarets de
Saint-Sorlin.

"Que la muerte y el exilio, y todas aquellas cosas que
parezcan terribles, estén siempre ante tus ojos,
principalmente la muerte..." La muerte y el avaro.
Óleo de Frans II van Francken.

"La enfermedad es un obstáculo para el cuerpo, pero no para la voluntad si no le agrada". El hombre enfermo, óleo de Laurits Andersen Ring.

Diógenes, pintura de John William Waterhouse, 1882. Diógenes de Sinope fue un filósofo cínico griego que influenció las ideas de Epicteto.

"Ten la seguridad de que la naturaleza de la piedad hacia los dioses radica en: formarte opiniones correctas respecto a ellos, en cuanto a que existen y gobiernan el universo justamente y bien". Fresco del techo de la Sala de los gigantes del Palacio Te, Mantua.

"Guarda silencio cada vez que puedas, o habla
solo lo necesario y con pocas palabras".
Vagabundo sobre la niebla marina,
pintura de Caspar David Friedrich, 1817.

"No te declares filósofo, ni expongas ante los ignorantes bellos principios, sino demuéstralos con hechos". Pintura de un filósofo, de Giovanni Battista Langetti.

Busto de Crisipo de Solos. Una de las figuras más importantes del estoicismo clásico.

Busto de Sócrates. Filósofo griego y uno de
los pilares de la filosofía clásica griega.

"Puedes ser invencible si no entras en ningún combate en el que no esté en tu mano vencer". Pollice Verso, pintura de Jean-Léon Gérôme.

"Es una señal de poco intelecto gastar mucho tiempo en cosas relacionadas con el cuerpo, como ser descontrolado en los ejercicios, en comer y beber...".
Un banquete romano, pintura de Roberto Bompiani.

"Si has aprendido a tener una vida modesta y
a alimentar tu cuerpo con moderación,
no te enorgullezcas por eso...". Fresco de una
pareja romana en Pompeya.

"El tema primordial y esencial de la filosofía es la aplicación práctica de principios como: No mentir". Mujer con tablilla de cera y estilete, fresco de Pompeya.

La envidia cesa después de la muerte. "Theatro moral de la vida humana, en cien emblemas; con el Enchiridion de Epicteto ; y La tabla de Cebes, philosofo platónico". Grabado de 1733, Ambéres.

Vivamos para no temer a la muerte. "Theatro moral
de la vida humana, en cien emblemas ; con el
Enchiridion de Epicteto ; y La tabla de Cebes,
philosofo platónico". Grabado de 1733, Ambéres.

"Este es el precio que se paga por la paz y la tranquilidad; y nada se ha de tener por nada". Cosiddetta Flora de la Villa di Arianna en Stabiae, cerca de Pompeya, fresco romano del siglo I.

XXXVII

Si has asumido algún carácter más allá de tus fuerzas, te has rebajado mal en eso y has dejado uno que podrías haber apoyado.

Recibir honores o premios no merecidos, así como asumir una ocupación o profesión para la que no estás preparado, tarde o temprano te arrastrará al descrédito, a la vergüenza o al olvido. Sé sincero con los demás y contigo mismo respecto a tus capacidades y habilidades, porque no puedes engañar a todos todo el tiempo, y a menudo quien te premia o te contrata lo hace para tenerte sujeto por tus debilidades, y no por tus virtudes.

XXXVIII

Así como al caminar te cuidas de no pisar un clavo, ni de girar el pie, así también cuídate de no herir la capacidad rectora de tu mente. Y si nos cuidamos de esto en cada acción, entramos en acción con más seguridad.

Procura ser coherente siempre, pensar correctamente, hablar lo cierto y actuar en consecuencia, no caigas en la trampa de pensar una cosa, decir otra y acabar haciendo algo muy distinto a lo pensado y a lo dicho.

XXXIX

El cuerpo es para cada uno la medida adecuada de sus propiedades, como el pie lo es al zapato. Por lo tanto, si te detienes en ella, mantendrás la medida; pero si te mueves más allá de ella, debes ser llevado hacia adelante necesariamente, como por un precipicio; como en el caso de un zapato, si vas más allá de su adecuación al pie, viene primero a ser dorado, luego púrpura, y después tachonado de joyas. Porque lo que excede la medida adecuada no tiene límite.

Actúa siempre en la medida de tus posibilidades, como el dice el dicho popular, no extiendas más la manga que la mano. Crece poco a poco y con paso firme, no excedas ni exageres nunca lo que son tus habilidades y tus posibilidades, y tendrás más triunfos verdaderos que derrotas.

XL

A partir de los catorce años las mujeres son nombradas por los hombres con el título de señoras. Por lo tanto, al observar que solo las consideran calificadas para dar placer a los hombres, comienzan a adornarse y a depositar en ello todas sus esperanzas. Es conveniente, entonces, intentar que se observen honradas solo en la medida de su prudencia, honestidad y su compostura.

La juventud y la belleza física duran poco, son efímeras, y aunque puedan venderse a buen precio, muy pronto se deprecian y se desechan o se sustituyen por otras, procura, por tanto, que tus valores y tus virtudes sean más sólidas y duraderas para evitar prostituirte pensando que no tienes más valores que ofrecer al mundo que un cuerpo sin alma y sin cabeza.

XLI

Es una señal de poco intelecto gastar mucho tiempo en cosas relacionadas con el cuerpo, como ser descontrolado en los ejercicios, en comer y beber, y en el cumplimiento de otras funciones animales. Estas cosas deben hacerse ocasionalmente, nuestra fuerza principal debe emplearse en nuestra razón.

No hay que obsesionarse con las modas y el aspecto físico, porque más vale ejercitar el alma y el pensamiento que embellecer artificialmente al cuerpo. La belleza del alma y de la razón duran más y son muy superiores a la belleza del cuerpo. Haz ejercicio físico con mesura, y no dependas solo de tu apariencia, porque la fuerza de tus pensamientos logrará más que tu simple presencia. Mente sana en cuerpo sano, lo demás es vanidad manifiesta.

XLII

Cuando alguna persona hace mal en tu nombre, o habla mal de ti, recuerda que actúa o habla desde la impresión de que es correcto que lo haga. Ahora bien, no es posible que siga lo que a ti te parece correcto, sino solo lo que a él le parece. Por lo tanto, si juzga a partir de falsas apariencias, él es la persona perjudicada, ya que él también es la persona engañada. Pues si alguien toma como falsa una proposición verdadera, no se perjudica la proposición, sino que solo se engaña el hombre. Partiendo de estos principios, soportarás con tranquilidad a la persona que te ofenda, pues dirás en cada ocasión: "Así le pareció".

Platón ya nos advierte de la doxa, es decir, de la opinión sin fundamento que se aparta de la verdad y se convierte en una alabanza, en una crítica o en un juicio de valores sin sustento, algo que agrada mucho a las almas de los vulgares y de los plebeyos. Hay quien habla mal de otro sin conocerlo, lo mismo que hay quien juzga un libro por la solapa, por lo que ha oído por ahí, lo que se inventa desde el prejuicio y la envidia, sin haberlo leído, por lo que al opinar sin base de dicho libro, realmente está hablando mal de sí mismo.

Lo mismo sucede cuando alguien habla mal de ti sin conocerte, pues pone sobre la mesa sus propias deficiencias y defectos. En suma, no hables nunca mal de nadie, nunca, porque no sabes lo que esa persona es realmente ni lo que lleva dentro.

XLIII

Todo tiene dos empuñaduras: una por la que se puede sujetar, otra por la que no. Si tu hermano actúa injustamente, no agarres el asunto por la empuñadura de su injusticia, pues por este no se puede sujetar, sino por el contrario: por el hecho de ser tu hermano, que ha crecido contigo; y así lo sujetarás como se debe sujetar.

El verdadero filósofo, nos dice Epicteto, sabe perfectamente que el mal suele ser una convención para contener el comportamiento, y que no existe como tal, y que lo mismo sucede con aquello a lo que llamamos bien. Por supuesto que los seres humanos nos equivocamos y tomamos caminos diferentes según nuestras experiencias y contextos, y hasta el peor de los malhechores puede creer firmemente que hace lo correcto, justificando de esta manera su proceder y morir pensando que ha hecho lo que debía y tenía que hacer en este mundo. Nadie es bueno ni malo de nacimiento, y todos y cada uno de nosotros tenemos que adecuarnos a nuestro entorno y a nuestra educación a lo largo de nuestra vida, eligiendo el camino que nos parece más idóneo a nuestras posibilidades. Siempre se puede hacer algo mejor, por supuesto, pero el fi-

lósofo no juzga ni debe juzgar el comportamiento ajeno, pues sabe que frecuentemente dicho comportamiento depende más de las circunstancias, que de la lucidez o del pensamiento del individuo.

XLIV

Argumentos como estos no tienen ninguna coherencia: "Soy más rico que tú, por lo tanto soy superior a ti". "Soy más elocuente que tú, por lo tanto soy superior a ti". Un argumento coherente debe ser más bien este: "Soy más rico que tú, por lo tanto, mis posesiones deben superar las tuyas". "Soy más elocuente que tú, por lo tanto, mi estilo debe superar al tuyo". Puesto que en ti no reside ni la riqueza ni en la elocución.

El saber es tan contextual y arbitrario como el comportamiento, ambos tienen normas y leyes, e incluso jerarquías, pues el ser humano, como buen animal, es competitivo y quiere llegar antes, comer primero y ser mejor considerado que los demás. Hambre y celos, como las mascotas y los perros, por lo que ser mejor, peor, ser más o ser menos, no tiene más sentido que las pulsiones emocionales y el deseo estulto de reconocimiento. Nadie es más que nadie ni menos que nadie, porque cada quien representa su papel lo mejor que puede y se aprovecha de ello para medrar ante el plato de comida y ante el afecto.

XLV

Si alguien se baña muy temprano, no digas que hace mal al bañarse tan temprano. Sino que él se baña antes de cierta hora. Si alguien bebe mucho vino, no digas que hace mal, sino que bebe. Porque si no conoces las razones de su comportamiento, ¿cómo vas a saber si actúa mal? Reflexionando siempre de este modo no te arriesgarás a opinar sobre otras apariencias si no las comprendes plenamente.

Mientras vivas al pendiente de los demás, vivirás ajeno a ti mismo. Mientras vivas queriendo satisfacer al de al lado, vivirás ajeno de ti mismo. Lo que piensas tú de los demás, y lo que piensen los demás de ti, no tiene más fundamento que el de molestar o el de sentirse molesto por nimiedades. Los dimes y diretes le parecían a Aristóteles lo más bajo y vulgar de la humanidad, porque se basaban en la ignorancia y en no tener nada mejor que hacer, crear, pensar, construir o desarrollar. Una mente ocupada es una mente elevada que no se preocupa del comportamiento de los demás.

XLVI

No te declares filósofo, ni expongas ante los ignorantes bellos principios, sino demuéstralos con hechos. Así, en un banquete, no cuestiones cómo debe comer la gente, sino come como se debe hacer. Nunca olvides que así también Sócrates evitó toda ostentación y opulencia, de tal modo que, cuando los jóvenes le solicitaban que los presentara a los filósofos, los tomaba y los presentaba; sin molestarle que lo pasaran por alto. Por eso, si alguna vez tienes oportunidad de hablar de bellos principios entre los ignorantes, guarda el mayor de los silencios. Porque existe el peligro de comunicar lo que tú no has comprendido. Y si alguien te dice que no sabes nada, y no te molesta, entonces puedes estar seguro de que realmente has comenzado a comprender. Porque las ovejas no pueden mostrar a los pastores cuánto han comido, sino que, la asimilación interna del alimento se convierte en lo que exteriormente puede verse como la lana y la leche. Así, pues, no exhibas ante los ignorantes de tus principios, sino de las acciones a que da lugar su asimilación.

Como dijo Sócrates, solo sé que no sé nada; no prediques con la palabra, predica con el ejemplo, porque a las palabras se las lleva el viento, diría

Buda, mientras que el comportamiento deja huella ahí por dónde pasa. Las piedras aprenden más que los necios, señalaría Diógenes ante las élites de Atenas. Lo que se ve no se juzga, se imita o se evita, pero no se juzga. La peor de las ignorancias también es una elección de vida, apuntaba Zenón de Citio, porque es más cómoda y placentera que el estudio y la reflexión, por tanto, no pierdas el tiempo con aquellos que han elegido ser ignorantes, porque lejos de aprender se molestarán y se sentirán ofendidos con tu sabiduría.

XLVII

Si has aprendido a tener una vida modesta y a alimentar tu cuerpo con moderación, no te enorgullezcas por eso; ni, si bebes agua, estés diciendo a cada momento: "Bebo agua". Pero considera primero cuánto más modestos son los pobres, y cuánto más pacientes con las dificultades. Si en algún momento quieres practicar la tolerancia y la calma, hazlo para ti y no para el público, no intentes grandes proezas; pero si un día tienes una sed intensa, simplemente enjuágate la boca con agua, y no se lo digas a nadie.

La modestia sincera y la humildad verdadera son virtudes sencillas que muy pocos practican, y, como las gallinas, cacarean cada huevo que ponen como si fuera toda una proeza. No seas como las gallinas y produce en silencio y sin vanagloriarte de nada, que los actos valen más que las palabras. Actúa siempre con mesura y sin esperar alabanzas, y obtendrás la grata serenidad del alma.

XLVIII

La condición y característica de los ignorantes es que siempre esperan de los otros su provecho, nunca por sí mismos. La condición y característica de un filósofo es que busca por sí mismo todo provecho o daño.

El que prospera hacia la sabiduría no juzga a nadie, no elogia a nadie, no culpa a nadie; no dice nada sobre sí mismo como si fuera alguien o supiera algo. Cuando se ve obstaculizado o frenado en algún caso, se culpa a sí mismo; y si se lo elogian, él elude con discreción a la persona que lo elogia; y si lo critican, no busca nunca justificarse. Va con la cautela de un convaleciente, cuidadoso de interferir en todo lo que va bien y con temor de alterar cualquier cosa en ese proceso de curación, hasta no estar curado del todo. Controla el deseo exterior; traslada su rechazo solo a aquellas que, dependiendo de nuestra voluntad, van en contra de la naturaleza. Profesa en todas las direcciones solo acciones amables; si lo consideran estúpido o ignorante, no le importa. En pocas palabras, se vigila a sí mismo como a un enemigo en una emboscada.

Todo lo que pienses, digas o hagas tiene más repercusión en ti y en tu propia vida que en la vida de los demás, tanto si eres una persona famosa y rica, como si eres una persona pobre y humilde, porque por mucho que se copie lo que hace el otro, al final solo cada uno carga con su propia felicidad o con su propio drama. Nadie puede vivir por ti, y tú no puedes vivir por nadie, pues la vida y la muerte son experiencias individuales y personales, se tenga o no se tenga fama. Cuida de ti mismo en tus actos y pensamientos, porque, más a menudo de lo que parece, el enemigo se encuentra dentro de uno mismo y se alimenta de los propios demonios, tentaciones, conflictos, luchas, guerras, deseos y prejuicios que se reflejan, aunque no son, en lo social, en lo ajeno. El ser humano no es perfecto pues tiene tantas virtudes como defectos, pero eso no le impide ir siempre y en todo momento en busca de la perfección.

XLIX

Cuando alguien se muestre vanidoso por poder entender y descifrar las obras de Crisipo, dígase a sí mismo: "Si Crisipo no hubiera escrito de forma tan complicada, esta persona no tendría nada de qué sentirse orgullosa. Ahora en cuanto a mí, ¿qué es lo que deseo? Comprender la naturaleza y mantenerla. Pregunto, entonces, quién la ha explicado mejor; y oigo a alguien decir que Crisipo es el mejor, recurro a él pero no entiendo sus escritos. Busco, pues, a alguien que los interprete". Hasta aquí no hay nada de que alardear. Y cuando encuentre a alguien que lo pueda explicar, lo que queda es hacer uso de sus instrucciones. Esto es lo realmente valioso. Pero si mi admiración no trasciende la interpretación, ¿en qué me convierto? en un gramático, en lugar de un filósofo, con la diferencia de que en lugar de a Homero interpreto a Crisipo? Por lo tanto, cuando alguien me pida que le explique a Crisipo, me sentiría más avergonzado y confundido si mis acciones no se muestran conformes a sus preceptos.

Séneca, el cordobés divino, se molestaba con las interpretaciones que se hacían de sus palabras, y decía que no hacía falta que nadie lo interpretara, porque hablaba claro y directo, nada críp-

tico, y que no quería decir ni más ni menos que lo que había dicho. No es más elevado lo complejo, difícil de entender o de interpretar, que lo que se dice directamente y sin metáforas, como apuntó Ortega y Gasset, la claridad es la cortesía del filósofo, y si escribes o disertas para que casi nadie te entienda, más te valdría no escribir nada de nada. Los lenguajes crípticos y secretos son para las sectas que se vanaglorian de serlo, cuando el único gran misterio es el ser y estar en este mundo, en este pequeño planeta perdido en el multiverso.

L

Si decides adoptar estas reglas, cúmplelas como a leyes que al ser violadas te conviertes en un despiadado; y no hagas caso de lo que digan de ti, pues esto al estar fuera de tu control, no es asunto tuyo.

Los conceptos y preceptos de Epicteto son claros y sencillos, llenos de bondad y de humildad, según Flavio Arriano, que los recopiló, compiló y publicó a la muerte de su maestro, llevando a Roma el pensamiento del filósofo exiliado, que fue una fuerte y clara influencia en Séneca y en Marco Aurelio, e, incluso, en el catolicismo y el cristianismo postreros, que continuaron y repitieron muchas de sus humildes palabras, a pesar de ser Séneca el hombre más influyente y rico de Roma, Marco Aurelio el Amo y Señor de todo el Imperio, y la Iglesia católica y el cristianismo la fuerza religiosa y económica que perdura hasta nuestro tiempo. Ni malos ni buenos, cada uno con su experiencia vital, más o menos ajustados al estoicismo original de Zenón de Citio, como cada persona que siga esta línea de pensamiento filosófico, siempre como un acto propio sin importar lo que diga el vecino, y sin pretender convertir al vecino a nuestro propio pensamiento. Todo en

esta vida es electivo, diría Zenón, y no hay ca-
mino ni cambio correcto o incorrecto, porque na-
die tiene más de un par de pies y un solo cuerpo.

LI

¿Cuánto tiempo más postergarás considerarte digno de las cosas más notables, y de situarte en condiciones de transgredir los juicios de la razón? Has recibido las directrices filosóficas a las cuales debes dar tu aprobación; y la has dado. ¿A qué maestro esperas para encomendarle tu bienestar? Ya eres un hombre adulto. Y si eres irresponsable y perezoso, y cambias constantemente de propósito y procrastinas tu cuidado, ocurrirá que ni siquiera notarás que no alcanzas ningún progreso y continuarás sin lograr nada y, viviendo y muriendo, seguirás siendo un ignorante.

A partir de este momento considérate digno de vivir como un hombre maduro que ha desarrollado su sabiduría y para quien todo lo que manifiesta belleza y bondad es una ley inviolable. Y si se te presenta algún asunto ingrato o placentero, honorable o vergonzoso, recuerda que es el momento de pelear, es la hora de la contienda Olímpica, y no se puede postergar; y que en un solo día y en una sola acción de valor o cobardía se define tu avance y tu pérdida. Así, Sócrates logró la perfección, empleando todo para su progreso y obedeciendo solo a la razón. Y aunque tú no seas todavía un Sócrates, debes vivir como quien busca ser como él.

Cumple tu palabra siempre, y de una vez y no postergándola ni a medias, porque cumplir a medias no es cumplir, sé consciente y responsable con ella, pues ella depende ti y solo de ti, tanto si eres comerciante como si eres filósofo, pues si has podido leer estos preceptos, haz lo que debes hacer y cumple con ellos, no te escondas ni seas miserable con los demás, y mucho menos contigo mismo, porque aunque no te lo parezca, tanto tú como los demás se dan cuenta de tus virtudes y de tus vilezas; márcate conscientemente un solo y único objetivo, y ve a por él sin escatimar esfuerzos ni caminos. No temas ganar, por las responsabilidades que ello conlleva, pero tampoco temas perder por las críticas ajenas, mas aprende de los errores y haz de la derrota una oportunidad de mejora y una valiosa experiencia, total, al final del camino se pierde todo lo que se creía tener, pues todo lo que se cree tener pertenece más a esta Tierra que al que perece; al final de los tiempos nada queda, por eso es importante el hoy y solo el hoy, experimentando a cada instante la existencia, y siendo la mejor versión de ti mismo en todos los planos de dicha existencia, siguiendo siempre el sendero de la bondad y la belleza.

LII

El tema primordial y esencial de la filosofía es la aplicación práctica de principios como: "No mentir".

El segundo, es el de las demostraciones: "Por qué es indispensable no mentir".

El tercero, es el que prueba las demostraciones, explicando con exactitud: "En qué se basa una demostración". ¿Qué es una demostración? ¿Qué es consecuencia? ¿Qué es una contradicción? ¿Qué verdad? ¿Qué falsedad? El tercer tema es necesario para el segundo; y el segundo para el primero. Pero el primordial, sobre el que deberíamos reflexionar y detenernos, es el primero. Pero normalmente hacemos justo lo contrario. Porque gastamos todo nuestro tiempo en el tercer punto y empleamos toda nuestra diligencia en él, y descuidamos completamente el primero, que es la práctica. Por consiguiente, mentimos, pero inmediatamente demostramos que no debemos mentir.

Una cosa es equivocarse o errar, y otra muy distinta mentir, inventar, modificar, soslayar, exagerar, justificar a sabiendas de que lo que se dice no se sabe o no corresponde ni de lejos a la más mínima verdad.

La verdad es sencilla y directa, y está más allá del acierto o el error, que siempre se pueden mejorar o rectificar, mientras la verdad es única, y por ello, a menudo parece menos atractiva que la mentira.

Naces, mueres, es la única, primera y única verdad, lo demás es añadidura, tanto lo más elevado como lo más bajo, lo más rico y nutrido, como lo más pobre y humilde. Aparte de nacer y morir, todo es ilusión, incluso la felicidad serena y verdadera, siempre preferible a las bajas pasiones y a la infelicidad, por duraderas o pasajeras que estas sean.

Mentir es tan habitual como innecesario, porque es más sencillo y agradable hablar claro, menos dramático e incluso menos trágico, por más que al animal humano le guste y hasta disfrute con las falsas promesas, las ilusiones, los conflictos, las dilaciones, la complicidad, la crítica sin fundamento, los dimes y diretes, engañar para terminar siendo engañados, y no por maldad esencial, un poco sí por ignorancia y un mucho porque así han sido enseñados y educados en la manipulación, el acondicionamiento, el adoctri-

namiento, el fingimiento y el engaño, es decir, en la mentira pura y dura que viene de hace milenios y que no hemos podido superar en los últimos doce mil años de civilización, sino que la hemos incrementado, tanto, que ya no sabemos vivir sin ella. Sin embargo, nos dice Epicteto, maduramos y llega el momento, tarde o temprano, que nos damos cuenta de que casi todo lo que sabemos, creemos o hacemos, es una soberana mentira, y, al darnos cuenta, debemos superarla y superarnos a nosotros mismos, no juzgando ni despreciando a lo demás y a los demás, sino mejorándonos a nosotros mismos, porque el conocimiento no debe hacernos daño y amargarnos, sino elevarnos y darnos una sonrisa de felicidad pura y serena. Por tanto, nos sugiere Epicteto, no mintamos a los demás, y mucho menos a nosotros mismos.

Aforismos

Cuando emprendas cualquier acción comienza con esta petición:

"¡Condúceme, Zeus, Dios mío, al lugar que hayas destinado para mí, te seguiré sin dudar, alegremente y con todo mi corazón. Y que cuando me resista a tus designios me convierta en malvado e incrédulo. ¡Quiero seguirte a pesar de mí!".

Declara, "¡Aquel que se ajusta como es debido a la necesidad, es sabio e inteligente en asuntos divinos!".

Por último, di, "¡Transitemos el camino con valentía, pues Zeus nos conduce y nos llama! ¡Pueden matarme, pero no hacerme daño!".

Epicteto era un filósofo singular, pues era un filósofo místico y creyente, algo que muchos filósofos han desdeñado, pero lo que le ha valido para que el catolicismo, primero, y el cristianismo, después, hayan asimilado y difundido muchos de sus mensajes y pensamientos, poniéndolos en boca de sus santos o del mismo Jesucristo como ente divino, a pesar de que los arrianos nunca estuvieron de acuerdo con dicha divinidad.

Creyentes o no creyentes, no importa, la bondad, humildad y belleza, el Estoicismo con mayúscula, ha trascendido hasta nuestros días, y el Enquiridión, o Manual de Vida de Epicteto, sigue impactando en el mundo de hoy de una manera virtuosa y positiva.

Índice